PLANETA DAS GÊMEAS

O MUNDO INCRÍVEL DE NICOLE E MELISSA

Hi, Friends!

Aqui sou eu quem fica no comando! Desta vez, decidimos fazer um livro que, de um lado, é apresentado pela Me, do outro, por mim. Espero que você tenha começado pelo meu lado, hein? Vou te mostrar muuuuuuuuita coisa bacana e, depois de ler tudo o que está aqui, com certeza você vai estar preparada para ser a nossa terceira gêmea. Hahahaha. E, óbvio, como eu já vi algumas coisas que a Me escolheu para colocar na parte dela, já separei também, pois não vou deixar barato.

Ni, vai com calma. Era tudo brincadeira, hein? Poxa, irmãzinha, eu te amo tanto. Não vai me zoar muito.... Hahaha. Peguei supeleve, você estava linda em todas as fotos.

Ahhhhhh, pois eu não achei. Agora é a minha vez, tchau, Me. Hahaha.

Essa letra é da Nicole

Essa letra é da Melissa

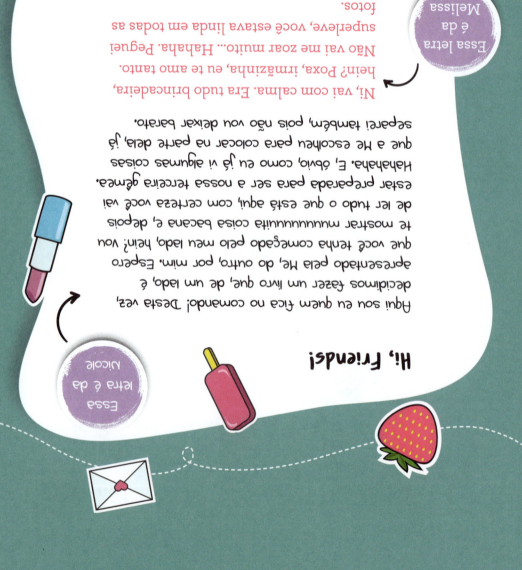

Sobre nós

Se tem uma coisa de que gostamos de verdade é tirar foto! Nós já fizemos tantas sessões de fotos para a editora que sempre sentimos como se estivéssemos em casa. Nessa última sessão conseguimos viver isso mais intensamente, porque o Theo esteve lá o tempo todo. Não resisti a essa foto, por isso a escolhi para mostrar para vocês.

Ai, confesso que fiquei apaixonada pelas fotos desse ensaio.

Já que a Melissa separou uma foto em que estou superestranha, também posso escolher uma em que ela saiu com os olhos fechados, né? Hahaha. A produção de fotos é assim: tiramos váááárias com a mesma pose até algumas ficarem boas. É que uma de nós sempre acaba saindo com os olhos fechados, a boca aberta....

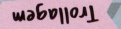

Trollagem

Ops!!! Alguém acordou cedo e tava morrendo de sono durante a sessão de fotos, né?

Já pensou acordar com essa make todo dia?

Se eu fosse postar uma foto para dar spoiler sobre o livro no Instagram, com certeza seria essa. Hahaha.

Documentos

Amo tirar essas fotos divertidas.

ora, ora... Chegou o momento de me vingar! A Me escolheu mostrar a foto do MEU passaporte??? Por que ela não mostrou a foto dela, se está tão linda quanto eu? Hahaha.

Ah, eu até que achei a Me bem fofinha, viu? Amei!

Poxa, Ni! Foto de documento ninguém merece, né... Hahaha!

Olha só a prova de que a gente sempre amou tirar fotos. Nós duas saímos sorrindo nas nossas fotos do passaporte. Era só apontar a câmera que o sorriso já se formava.

Tá bom.... chega de foto estranha, hahaha. Que tal um momento bonitinho agora? Essa foto aí ao lado é uma das preferidas da mamãe - e minha também - de quando éramos pequenininhas. Nem precisa explicar o porquê, né? É muita fofura!

Essa foto foi tirada no chão da sala da nossa antiga casa. A mamãe colocava esses tapetinhos coloridos porque estávamos aprendendo a engatinhar. Nessa fase aí, a gente se arrastava por toda a casa, hahaha.

Além do tapetinho, a mamãe tinha outro truque: enchia de travesseiro onde estávamos, porque a gente adorava ficar rolando pelos cantos. Era só ela se distrair um minutinho que íamos parar do outro lado da sala! Não acredita em mim? Então, preste atenção na barreira de travesseiros que tem na foto ali!

Infância

Olha só os pijaminhas iguais!!!
E essas bochechas?
Ah, éramos muito fofas, vai!

Qual de nós você acha que era a mais bagunceira e deixava os brinquedos espalhados pela casa toda? É claro que é a mim, hahaha!

Eu me lembro desse dia, Ni! Tadinho do vovô, ele ficou com muito medo de a gente ter se machucado.

Com certeza éramos, Mel Aliás, você se lembra de quando estávamos brincando na rede, balançando sem parar, e acabamos caindo as duas de bunda no chão? O vovô saiu correndo para nos salvar, enquanto a gente não parava de rir...

Ei, me conta uma coisa..... você também tem algo que guarda desde que era bem criancinha e não consegue desapegar de jeito nenhum? Porque nós temos, olha só esse elefantinho e o hipopótamo! Eles estão com a gente desde SEMPRE e cuidamos até hoje com todo carinho. E tenho certeza de que sempre vamos cuidar.

Dá pra ver que é antigo, né? Mudou até de cor!!!

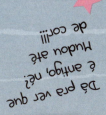

Infância

15

olha só que fofuraaaasss!!!

Sabe o que tô pensando aqui, Ni? Será que esse meu amor por elefantes surgiu por causa disso? Sou grudada neles desde sempre. Hahaha!

Infância

Tem umas lembranças bem gostosas de recordar, como os nossos bichinhos. Mas tem outras... Por exemplo, todas as vezes que a Me e eu tivemos que tomar vacina.

Mas é importante falar que, mesmo tendo medo de vacina, a gente tomou todas. É muito melhor do que ficar doente, não é mesmo?

O que será que aconteceu, para eu ter medo de vacina? Aliás, a He também sente muito medo. Você sabe, né, já gravamos vários vídeos tomando vacina e, sério, nada daquilo é ensaiado. Nós sentimos muito pavor mesmo. Não tem explicação. Será que um dia vamos superar isso?

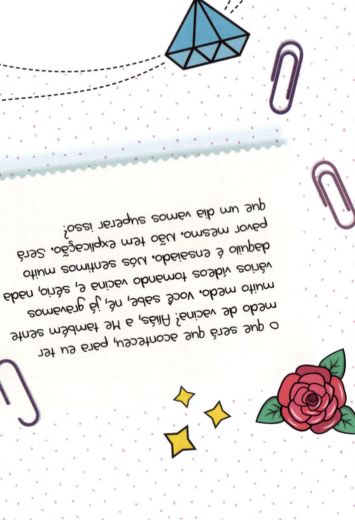

Crush

Nossa, quem deu a ideia de falar sobre isso aqui??? Tá bom, tá bom... Você deve ter acompanhado no canal como foi conhecer meu crush, né? Mas acontece que eu já tive um outro crush, era um amiguinho do colégio. Teve uma vez que ele me deu uma cartinha falando que me achava legal, simpática e inteligente e que adorava o canal. Eu quase tive um treco, né?

Quase teve um treco MESMO, eu sou prova viva disso! Hahaha.

Uma saudade

Uma data que eu gostaria muito de voltar (e tenho certeza de que a Me também) é para o dia em que fizemos uma festa de aniversário para o Clooney. A mamãe mandou fazer um bolo especial para que ele pudesse comer, enfeitamos a casa com bexigas e cantamos parabéns para ele em volta da mesa. Ele estava até usando chapeuzinho! O Clooney foi muito importante para nós e nunca vamos nos esquecer dele!

Clooney

Só quem tem um bichinho consegue entender esse amor.

olha a carinha do
Clooney, que fofo.

Por sorte, temos o
Clooney eternizado em
inúmeros vídeos, fotos e
até nos nossos livros.
Sempre tem um espaço
para ele em tudo o que
a gente faz!

Sempre escolhemos as thumbs com muita calma, porque tem que ser uma muito legal para chamar atenção e te fazer querer ver o vídeo.

Curiosidade

A gente se diverte vendo as thumbs antigas do canal. Mas tem uma específica que sempre nos faz rir muito e que também nos dá MUITA saudade, já que tem o nosso cachorrinho nela. É a thumb do vídeo que a gente apresenta o Clooney, bem no comecinho do canal. Nós o pegamos todo desajeitado, tadinho. E ele fica olhando com uma cara tipo "o que essas doidas estão aprontando?". Hahaha. Ai, Clooney, que saudade!

Clooney

Essa é a nossa foto preferida com o Clooney. uma fofura, né?!

Acho que quando o Clooney nos via chegando com a câmera, tinha vontade de sair correndo. Hahaha!

Nossos pijamas de unicórnio que a gente AMAVA! Até o Clooney usava.

Música

Ai, tem uma coisa que eu quero muito mostrar para você: a primeira versão da música "Sou como sou". Nós pensamos na letra e depois fomos fazendo algumas mudanças. Claro que a mamãe nos ajudou e, aí no final, ficou a versão que você conhece. Mas é assim que surgem as ideias de música por aqui: vários rabiscos no começo.

A letra dessa música demorou quase um mês para ficar pronta, acredita?

Sou como sou

Sou como sou é tenho orgulho de quem sou
Meu ~~te tenho orgulho~~ pouco o que sou fazer
sou um importar com
jornais fofoquinhas
Deixa pra lá!
Sou como sou é tenho orgulho de quem sou
Vou ser feliz é fico sendo eu
fofoquinha
Deixa de lado ~~tudo~~ o que ~~passa~~ dizem de ti   2X
quem

Se por baixo
Se alguém pode te ajudar é você mesmo
Tem gente que tenta te diminuir para
parecer maior que você
O que é seu está guardado
Então mostre a sua melhor ~~versão~~
Deixa pra lá, como ver é

— REFRÃO —

Deixa pra lá, tudo o que fazem pra
trazer uma paz
Você é dono de si mesmo, sabe de quais coisas
tem gente que reprova você, mas os ~~te~~
outros reprovam amor
Não exista o contrário
Si amar não importa o que alguém é
deixa fazer como ver é

— REFRÃO —

27

Será que a gente estava nervosa antes da entrevista?

Como disse, a gente consegue pagar muitos micos. Nas gravações de vídeos, por exemplo, sempre, s-e-m-p-r-e erramos alguma coisa, e tem horas que isso fica muito engraçado. Pagar micos é com a gente mesmo, não importa o lugar. E quando precisamos gravar algum vídeo na rua ou no shopping e algo dá errado? A vergonha é certa!

Micos

Se estivéssemos sentadas no sofá de casa, com certeza contaríamos várias histórias. Se tem uma coisa que já fizemos nessa vida foi pagar mico. Uma vez, estávamos no balcão de um fast-food esperando nosso lanche. A atendente trouxe a bandeja, mas ainda faltavam as bebidas. Estávamos com água na boca e já fomos comendo as batatas fritas ali mesmo, em pé. Até que a atendente trouxe refrigerantes, sendo que nós tínhamos pedido água. Então, ela empurrou a bandeja para um rapaz ao nosso lado e percebemos que a batata que estávamos comendo não era nossa. O rapaz logo reclamou para a atendente que o pacotinho das batatas estava vazio. Hahaha. Sem graça, falamos que nós que comemos achando que era nossa. Final da história: além de a nossa mãe ter comprado batata para nós, teve que comprar para o rapaz também!

Eu amo essa história! Hahahahaha. Mas tem outra que também vale contar: a vez que uma fã veio correndo em nossa direção e nos abraçou com tanta força que nós três fomos parar no chão! Acabamos rasgando a meia-calça que ela estava vestindo. Será que a mãe dela ficou brava? Espero que não!

Bastidores

A gente também ama gravar os clipes. Sempre tem uma equipe por trás para filmar, ajudar com a coreografia, com os takes, make, cabelo e looks.

Acredita que nesse dia a Hê e eu levamos um baita tombo? Hahaha.

Canal

YouTube

Quando pedimos para a mamãe criar um canal no YouTube para nós, não imaginávamos o que ia acontecer. Na época, era para ser só por diversão: a gente gravava as nossas brincadeiras preferidas e nunca fingimos nada. Por isso, deu tão certo!

Dicas para quem quer criar um canal no YouTube:

>> Seja sempre muito verdadeira nos vídeos
>> Não tenha vergonha do que vão dizer
>> Grave vídeos que você ache engraçado
>> Trate seus seguidores como verdadeiros amigos
>>> Solte sua imaginação

Não tenha pressa e não desista, tá?

O YouTube sempre envia placas quando o canal atinge uma determinada quantidade de inscritos. É uma forma muito legal de reconhecer o trabalho de quem está na plataforma. A última que recebemos foi a de diamante, e a emoção foi a mesma de quando ganhamos a de 100 mil inscritos.

Isso porque cada um dos nossos inscritos é importante para nós!

E por falar em nosso canal, hoje, ele tem mais de 44 milhões de inscritos. E MUITA GENTE! Olha a nossa foto com a última placa que recebemos do YouTube, que é a de 10 MILHÕES de inscritos.

Canal

Quando ganhamos nossa primeira placa, a gente queria andar com ela para todos os lados, como se fosse uma boneca. Claro que a mamãe não deixou e guardou, para não quebrar.

E não é que esse coração saiu certinho? Amei!

35

Canal

Linha do tempo do canal

Novembro de 2015

Nosso primeiro vídeo

https://www.youtube.com/watch?v=AWHJxKRs_bA

Março de 2016

A primeira novelinha do canal

https://www.youtube.com/watch?v=C1bGifzXDpE

Setembro de 2016

Ganhamos a placa de 100 mil inscritos no canal!

https://www.youtube.com/watch?v=x6OnWkr7EOE

36

Junho de 2021

A última transformação que fizemos no cabelo

https://www.youtube.com/watch?v=dyKdS3eKma8&t=456s

Agosto de 2019

Primeiro vídeo do Theo

https://www.youtube.com/watch?v=fTtyA-cg02c

Novembro de 2017

Nosso primeiro clipe

https://www.youtube.com/watch?v=UlxP-H3VuJ3g

Curiosidade

A gente gosta tanto de caneta que, mesmo quando a tinta acaba e não dá para escrever mais, ainda guardamos por um tempo. É que temos dó de jogar fora e cada uma é especial de um jeito, hahaha.

Segredos

Para provar que uma conhece a outra, se tem uma coisa que irrita a Me... Sou eu! Hahahahaha. Eu amo ficar provocando a Melissa, tem hora que ela fica brava real.

41

O legal de ter irmã é que, em um momento, a gente tá brigando e, 2 minutos depois, conversando como se nada tivesse acontecido.

E a Ni fica MUITO irritada quando pede para fazer algo com ela e eu digo "não"! Hahaha. Ela fica insistindo que nem louca até eu aceitar.

Na verdade, amamos qualquer sabor de pizza. Podia ser liberado comer pizza todos os dias, né?

Ai! Alho

Hé! Palmito

Será que você consegue imaginar nossos sabores de pizza preferidos?

Teve uma vez que o Clooney roubou um pedaço de pizza do prato da mamãe. Hahahaha. Estávamos comendo sentadas no chão e a mamãe se levantou por 1 minuto para pegar suco. Foi tempo o suficiente para o Clooney pegar a pizza e sair correndo. Nós rimos muito!

Comida

Eu sei que essas fotos aqui estão fazendo você passar vontade, mas não dá para comer sempre, né? Então não vale pedir pizza todos os dias e para comer pizza todos os dias e dizer que é porque viu no nosso livro a gente falando isso, hein? Hahaha.

Dá para notar no olhar a felicidade, né?

43

Comida

Claro que, além da pizza, tem várias outras comidas que a gente ama e que, por nós, comeríamos todos os dias. É muita comida gostosa, socorro! Uma das nossas sobremesas preferidas é sorvete. A gente ama sorvete de massa, picolé, paletas.... o que for! Mas nossos sabores preferidos são:

Me:
- Morango
- Brigadeiro
- Chocolate
- Chocolate branco

Ni:
- Picolé de chiclete
- Brigadeiro

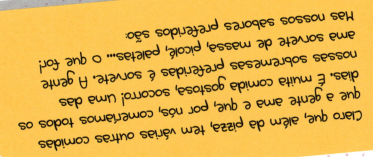

Outra coisa que a gente ama fazer: sentar no sofá com uma taça de sorvete no colo enquanto conversamos.

Sabia que uma vez a Me, na maior cara de pau, comeu o último picolé da geladeira sabendo que eu estava guardando para depois do jantar? Ainda teve a coragem de dizer que não foi ela. Hahaha!

Curiosidade

Sabe uma imagem que ilustraria bem a minha infância? Uma foto minha lambuzada de morango. Era a minha fruta favorita quando eu era mais novinha; vivia com a boca toda vermelha. Pena que a mamãe não tem nenhuma aqui.

Bastidores

O melhor desse livro com certeza foi que, já que teríamos que fotografar com pizza, pedimos essa delícia para o almoço. É pizza e é trabalho. Amei!

Quem você acha que come mais? A Hê ou eu?

48

Uma curiosidade sobre nós é que uma sempre deixa o último pedaço de pizza para a outra. Aí, ficamos empurrando até que, no final, a gente acaba dividindo. Hahaha. E essa é uma das coisas que a gente ama no fato de ter uma irmã, alguém com quem a gente sempre pode contar, até mesmo na hora da pizza.

Uma qualidade que eu amo muito na Me e que gostaria de ter também é a paciência. Tá, e a positividade também.

Ah, Ni, Que lindo! E uma qualidade sua que eu gostaria muito de ter e que eu amo é o fato de você ser sincera e falar tudo o que pensa. Você é sempre muito transparente e isso facilita demais nossa relação.

Uma vez a mamãe quase teve um treco porque sujamos todo o espelho dela de batom. A bronca foi feia.

Mudando para o assunto "moda", tem uns looks que a gente usava na infância e que ficamos pensando: "Hã, por que você fez isso?", olha só essas roupas. Não sei quem ficou mais engraçada, a me ou eu. Hahaha.

Tá, vamos dar um desconto que esse look deveria ser da mamãe, afinal, olha o tamanho dos sapatos nos nossos pés, queria lembrar o motivo de estarmos com essas roupas...

Looks

Com certeza, Ni! Hahaha. Lembra quando a gente colocava as roupas da mamãe e ficava desfilando pela casa, ainda pedindo para ela dar notas aos looks? Será que era esse o motivo dessas roupas?

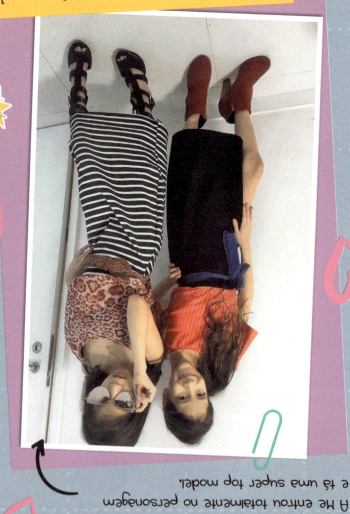

A Me entrou totalmente no personagem e tá uma super top model.

51

Looks

Esse look do ensaio foi um dos nossos preferidos. Lindo, né?

Você sabe como funciona uma sessão de fotos? As roupas, a maquiagem e os acessórios são escolhidos por um produtor, mas sempre de acordo com o que a gente gosta de usar. Esse look, por exemplo, nós amamos. Tá aprovado!

Aliás, a Me e eu somos vidradas em vários acessórios para deixar o look bem bonito. E tem uma coisa que a gente não consegue sair sem de jeito nenhum: eu não saio de casa sem pulseiras, enquanto a Me não gosta de sair sem brincos. Sério, parece que falta alguma coisa quando não estamos com esses acessórios. Eles dão um charme a mais no look, né? Não dá para negar.

A gente combina até a cor das unhas, vocês gostaram?

Sabia que uma vez a Me e eu colocamos unhas postiças para viajar, mas eu acabei perdendo uma delas e, depois, não consegui tirar as outras? Fiquei uns dias com um dedo faltando unha, hahaha!

53

sonhos

Você já conseguiu realizar algum sonho que tinha? A Me tinha o sonho de andar em um elefante e, quando viajamos para a África do Sul, consegui concretizar. E o meu maior sonho era ter um irmãozinho, que também foi realizado. Se você tem um sonho, mas ainda não conseguiu realizá-lo, não desista, tá? Tudo tem seu tempo certo para acontecer!

Não importa qual seja o seu sonho, acredite que vai realizá-lo!

Viu só como os meus sonhos e os da Me eram diferentes?

E, então, curtiu conhecer bem mais a fundo a nossa vida? Espero que sim! Cada parte deste livro foi pensada para você. Preparamos tudo com muito carinho. Tire uma foto sua com o livro e poste com a hashtag #omundodemeeni, conte o que você mais gostou de saber e, claro, diga por qual lado começou. Hahaha.

Um beijo, até mais!

Beijinhos!

Agora, é hora de me despedir. A Ni está vindo aí com mais algumas curiosidades sobre a nossa vida. Também está MUITO divertido. Depois, a gente vai querer saber por qual dos lados você começou, se foi pelo meu lado ou pelo dela. Poste uma foto no Instagram com a hashtag #omundodemeeni e conta lá.

Gêmeas

Ter uma irmã é DEMAIS, e gêmea, então, não dá nem para explicar a ligação que temos. é lógico que isso também nos rende boas risadas, já que as pessoas nos fazem umas perguntas que não têm muito sentido. Olha só o que a gente já ouviu:

Vocês já trocaram de lugar?

Já respondeu a chamada no lugar da outra?

Será que o dia que tiverem namorados, eles vão confundir vocês?

Dicas de aplicativos para bombar suas redes

- Lightroom
- InShot
- Meitu
- FLTR
- Remini

Mas também não vale exagerar no filtro das fotos, hein?

Dicas

Editar fotos, vídeos, reels, músicas não é tão fácil, por isso temos um editor para nos ajudar. Mas, às vezes, os apps nos salvam quando não temos muito tempo!

Quadros

Youtube

Quadros que amamos gravar e que gravaríamos novamente:

- Qualquer um que envolva comida
- Trollagens com a mamãe
- O dia que viramos vendedoras
- Só comidas de uma cor

Se você tem um canal no YouTube, é legal ter um quadro que apareça com frequência por lá, como as trollagens que fazemos, por exemplo.

Essa aqui foi a nossa primeira mudança: pintamos somente a franja de loiro. Claro que não demorou muito e aparecemos com o cabelo totalmente loiro. Aí, fomos clareando sempre mais.

Um dia ainda vamos pintar de rosa! Hahaha. Será?

Cabelos

A gente ama rever as séries do canal porque dá para perceber o quanto evoluímos em tudo, inclusive nos cabelos. Já tivemos cabelo com mechas só nas franjas, loiro inteiro e, agora, estamos de franja de novo e ainda mais loiras... A gente amou esse visual! Será que vai durar muito ou logo vamos inventar outra coisa para mudar?

A gente sempre se diverte muito gravando as séries para o canal, mas tem uma específica que a gente AMOU, que é a "Duas adolescentes e um bebê", porque o Theo foi um dos personagens principais e ele era bem pequenininho, então, foram vários erros de gravação. Hahaha.

A ideia dessa série surgiu quando, um dia, estávamos conversando sobre como seria cuidar do Theo sozinhas. A mamãe nunca nem cogitou a ideia de nos deixar com essa responsabilidade, mas, pensamos que podia sair algo bem engraçado dessa situação. Imagina só: duas adolescentes e um bebê! E foi aí que surgiu a ideia da série.

Séries

Qual é a série do nosso canal de que você mais gosta?

Olha só essa foto que temos com as três placas que ganhamos: a de prata, quando fizemos 100 mil inscritos; a de ouro, com 1 milhão e a de DIAMANTE, quando conquistamos 10 milhões. É muita genteeee!!!

Canal

Bom, mas somos youtubers, né? Tá na hora de falar do nosso canal! Quer saber um dos momentos mais marcantes para nós? Foi quando a mamãe nos entregou nossa primeira placa, de 100 mil inscritos. A gente pirou! Ela gravou um vídeo nosso reagindo à placa e nós estávamos muito felizes. Na época, tínhamos 8 anos. Vou deixar o QR Code aqui para você assistir ao vídeo e ver nossa reação — já aviso que eu dei bastante risada!

Já até sei do que você deu risada, Me! Que dancinhas foram aquelas que a gente fez? Hahaha.

Esse realmente é o filme que a gente mais gosta. Bem no estilo comédia-romântica-adolescente-no-colégio. Se quiser deixar a gente feliz, é só escolher um filme bem nessa vibe que a gente com certeza vai amar. Acho que já zeramos todos filmes de comédia-romântica dos streamings. Aliás, estamos aceitando sugestões. Hahaha.

Filmes

Nós somos tão apaixonadas por filmes que até um cinema em casa a gente tem! Na verdade, até já passamos algumas noites lá. Fala sério, tem coisa melhor do que ficar uma tarde toda assistindo a um filme no escurinho e comendo pipoca? A gente gosta tanto que já assistimos ao mesmo filme dezenas de vezes. Você não faz ideia qual filme estamos assistindo bastante recentemente!

Deixa que essa eu conto, Me! A gente AMA "A Barraca do beijo". Sério, achamos esse filme perfeito. Então, sim, já perdemos as contas de quantas vezes assistimos.

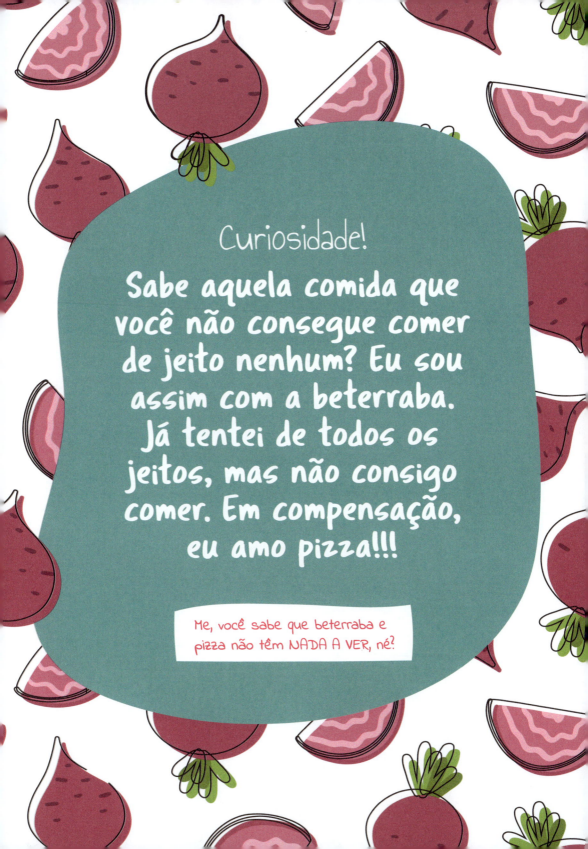

Curiosidade!

Sabe aquela comida que você não consegue comer de jeito nenhum? Eu sou assim com a beterraba. Já tentei de todos os jeitos, mas não consigo comer. Em compensação, eu amo pizza!!!

Me, você sabe que beterraba e pizza não têm NADA A VER, né?

Haja paciência da mamãe! Hahaha.

Me, na verdade, já levamos uma MEGABRONCA por causa de pizza, também. Lembra quando comemos escondidas, antes do almoço, a pizza que havia sobrado do dia anterior e, na hora de almoçar, a gente estava sem fome? A mamãe ficou uma fera, principalmente porque comemos escondidas. Se a gente tivesse avisado, acho que não teríamos levado uma bronca tão grande... Fica a lição. Mas, também, não vamos prometer que nunca mais vamos aprontar uma dessa, afinal, pizza é pizza, né? Hahahaha. Brincadeira, mamãe!!!

Comida

Nessa de querer comer brigadeiro todos os dias, a Ni e eu já levamos altas broncas da mamãe. Tem uma que nos marcou MUITO! Foi uma vez que comemos brigadeiro assistindo a um filme. Estava um friozinho tão gostoso... Adivinha o que aconteceu? Pois é, o sofá que era novo ficou todo manchado de chocolate... Nossa, a mamãe ficou tão brava que não gosto nem de lembrar.

Agora, sobre comida, se pudesse escolher uma coisa para comer pelo resto da vida... Eu até sei, mas não consigo escolher uma só, porque tem duas coisas que a gente AMA comer, e é uma pena que a mamãe não deixe a gente devorar todos os dias... PIZZA E BRIGADEIRO!!! Sério, só de pensar naquele queijo quentinho e derretido por cima da pizza e naquele brigadeiro de panela bem gostoso, me dá agua na boca. Já pensou como seria a vida podendo comer pizza no jantar e brigadeiro de sobremesa to-dos-os-di-as? Ai, alguém me segura, vou desmaiar só de pensar nessa delícia!

Beleza

Uma curiosidade sobre mim é que eu amo ficar testando várias makes em casa, principalmente quando estou entediada. E, lógico, tenho algumas maquiagens preferidas. O batom que eu mais gosto de usar é um gloss com bastante brilho!

Quando a gente era mais novinha, sempre pegávamos as makes da mamãe para usar. Quem nunca, né? Hahaha. Nosso rosto ficava todo borrado!

Uma curiosidade é que, naquele dia, andei, pelo menos, 5 vezes nos elefantes. A mamãe precisou me convencer a sair de lá, se não acho que nem teria vindo embora.

Planeta das Gêmeas

Olha só como ficamos pequenininhas perto desse elefante gigante (e lindo)!

Você consegue acertar qual de nós é a que está quase esmagando a Minnie?

A Minnie com certeza é aquela personagem que toda criança ama logo na primeira vez que vê. Eu adoraria passar um dia inteirinho no universo da Minnie, do Mickey, do Pluto... Seria muito divertido!

Disney

Outra coisa que a gente ama MUITO é viajar para os Estados Unidos. Sério, gostamos tanto que até chegamos a morar lá, você sabe, né? Mas já parou para imaginar como foi a PRIMEIRA vez que fomos para Orlando? Nós ficamos muito empolgadas, era um sonho realizado. E, claro, a gente só queria saber de ir para a Disney, né? Hahahaha.

Você já foi em algum encontrinho nosso?

Me, você se lembra de quantos livros nós autografamos naquele dia? Porque eu, sinceramente, esqueci! Só sei que foram muitos, mas foi bem divertido. E, olha só, estamos aqui vários livros depois, hein? E doidas para autografar mais!

Encontrinhos

Uma coisa que a gente ama MUITO fazer é encontrinho com os fãs. E as tardes de autógrafo, então, nem se fale. Este é nosso quinto livro (quinto LIVRO, tem noção disso???) e, no lançamento dos dois primeiros, conseguimos participar da Bienal do Livro e autografar muitos exemplares. Sério, a energia de uma bienal é única: estamos doidas para poder participar novamente de uma. Se você nunca foi a uma bienal com a gente, passa seu celular no QR Code abaixo para sentir um pouco dessa emoção. E, se você já participou, vem relembrar esse momento!

Documentos

Este livro realmente tá escancarando a nossa vida para os fãs! Aposto que não é todo dia que você vê o carimbo dos pezinhos de um influenciador de quando era recém-nascido, não? Hahaha. Será que nossos pés também são gêmeos?

Olha só se não dá vontade de apertar a Nicole aqui nessa foto? Muito fofa!

Uma coisa que nós amamos muito fazer é viajar. Já fomos para vários lugares, sempre junto com a mamãe, por isso tiramos o passaporte bem novinhas. Conhecer novos lugares, culturas, pessoas e, claro, comidas (hahaha) é sempre muito legal.

Documentos

Tá, eu prometo que essa é a última vez que vou trollar a Ni com fotos engraçadas dela. Mas olhe aqui: você já reparou como ninguém sai muito bem em fotos de documentos? Sempre ficam muito engraçadas...

Sorte que não vou colocar a minha aqui

Curiosidade

Muita gente diz que ter irmã gêmea é legal, pois dá para trocar de lugar com ela na hora de levar bronca, mas a real é que a mamãe sabe diferenciar a gente de olhos fechados. Incrível!

Trollagem

Enquanto escolhi uma foto superfofinha do Theo, separei uma BEM zoada da Ni! Hahahaha. Isso é para vocês verem a vida REAL por trás das câmeras e dos cliques do YouTube. Às vezes, a gente vai tirar uma foto e sai toda zoada. E o bom de ser gêmea é que, se eu sair zoada em alguma foto, posso falar que é a Ni... Hahaha. Mas eu juro que nessa aí do lado é a Nicole, não sou eu não!

Sabe que vai ter volta, né???

Colocar uma foto zoada da Ni dá uma sensação parecida com a de gravar um vídeo trollando ela lá no canal! Hahaha.

Minha primeira foto com o Theo

A gente não sabia que era possível amar tanto outro irmão até chegar o Theo.

Primeira foto da Nicole com o Theo

Theo

O Theo merece uma página inteira só para comemorar o nascimento dele, né? Nós sempre fomos loucas para ter um irmãozinho e, quando descobrimos que nossa mãe estava grávida, ficamos MUITO felizes. O Theo é nosso amor e vamos estar sempre ao lado dele.

Calma que tem mais, Me! A mamãe separou as fotos que ela mais ama, hahaha.

Festa junina é a melhor festa do ano, sim ou claro? Todas aquelas comidas já me deixam com água na boca. E olha os looks aí!

Infância

NÃO A-CRE-DI-TO!!!!! Estou morrendo de amor. Olha como a gente estava fofinha com essa fantasia de bruxa.

A gente sempre gostou de festas, hein!

Ainda nesse clima de curiosidades, quero contar para você qual é a coisa que não sai da nossa bolsa de jeito nenhum: carregador portátil de celular! Hahaha. É meio óbvio, né? Mas é porque a gente quer sempre estar com a bateria cheia para tirar fotos ou gravar algum vídeo. Nunca se sabe quando a paisagem perfeita vai aparecer, por isso a gente gosta de estar preparada.

Uma coisa que Ni e eu fazemos questão na hora de escolher os looks é o conforto. Como estamos sempre correndo, pulando, gravando etc, é importante estarmos confortáveis para qualquer situação. E também amamos usar acessórios.

Roupas iguais e tênis diferentes!

Looks

Já deu pra perceber que somos apaixonadas por moda, né? Tanto que até loja a gente tem! E os looks que colocamos para vender são justamente os que a gente ama usar. Não abrimos mão de escolher a dedo as roupas que colocamos na loja.

Nós vamos do preto ao colorido em questão de segundos! Haha.

O legal é que, mesmo com roupas parecidas, tentamos colocar nossa personalidade nos looks. Pode ser na cor da roupa, no sapato, na make...

Eu amei esses vestidos!

Looks

Às vezes, a gente gosta de escolher looks diferentes!

Mas só às vezes, hahaha!

A mamãe sempre nos vestiu com roupas iguais, mas com cores diferentes.

Então não são iguais, né, Me?

Ahhh, você entendeu, Ni! Na verdade, a gente ama usar as roupas iguais. É porque temos o mesmo estilo, gostamos das mesmas coisas, vamos para os mesmos lugares... Sempre juntas!

Irmãs

E por falar em foto: olha essa, que fofa!

Essa foto é linda, mas não (só) por mim e pela Ni, e sim pela mamãe, que está maravilhosa! A Ni e eu nascemos no dia 14 de janeiro de 2008, e nasci 1 minuto antes, então, sou a mais velha! Hahaha.

Nem vem, Me! Esse minuto aí nem conta, tá?

Estas são algumas fotos que não entraram em nenhum dos nossos livros.

Fotos

A gente tira muuuuuuuitas fotos para escolher as que irão entrar nos livros. Tem umas que a gente AMA, mas outras... Hahaha. Bom, só vendo mesmo para entender do que a gente tá falando. É sempre muito divertido tirar fotos com a Ni, é uma coisa que a gente ama fazer.

Com o parque de diversões no fundo, ficou bem mais legal, né?

Essa frase ficou meio grande. Ficou bem melhor na capa final!

Essa aqui ficou muito rosa

Acredita que a gente pensa na capa antes mesmo de fazer a foto?!

Livros

Curiosidade

E já que isso aqui é um livro, vamos falar disso? Uma coisa que vocês talvez não saibam é que para se fazer um livro, a gente precisa decidir muuuita coisa. E um dos momentos que mais amamos é a hora de escolher a capa! Essas são algumas capas dos nossos livros que não foram aprovadas. Para chegar nas capas que você conhece, teve bastante mudança, viu? Hahaha.

Você já foi em alguma peça nossa?

Fazer as peças viajando pelo Brasil todo foi um sonho realizado. Pelas séries do canal, fica nítido que adoramos contar histórias, né? Agora, imagine só a nossa alegria de interpretar uma história para tantas pessoas que gostam do que a gente faz. Foi demais!

Peça de teatro

Quero abrir minha parte mostrando o que a gente tem guardado em casa até hoje: um ingresso da nossa peça! Ela estreou em 2018 e a gente amava fazer. Era muito divertido poder encontrar todo mundo para tirar fotos. O meu momento preferido sempre foi quando todos se reuniam para dançar "Ele é o dono do meu coração".

Olha como a gente era novinha!

Hi, Friends!

Este livro está MEGAESPECIAL e, se está com ele agora, é porque você realmente é nosso fã de carteirinha. Se gostou de desvendar nossos segredos no livro anterior, agora você vai mergulhar de vez no nosso mundo e descobrir curiosidades da nossa vida, ver fotos de bastidores e até documentos para lá de confidenciais. Espero que goste do que preparamos para você. Aliás, sentiu falta de alguém?

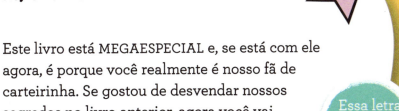

Essa letra é da Melissa

Essa letra é da Nicole

Ei, friends! Desta vez, você pode escolher se vai começar pelo lado da Melissa ou pelo meu. A gente separou o que cada uma queria mostrar e você vai ver o nosso mundo, mas separado. Ficou confuso? Vire seu livro e te espero lá! Se quiser começar pelo meu, garanto que vai estar mais legal, hahahaha.

Nem vem, Ni! Quem começou aqui, fica por aqui, hein? Hahahaha.

Copyright © 2021
Todos os direitos reservados à Astral Cultural e protegidos pela Lei 9.610, de 19.2.1998.
É proibida a reprodução total ou parcial sem a expressa anuência da editora. Este livro foi revisado segundo o Novo Acordo Ortográfico da Língua Portuguesa.

Produção editorial Aline Santos, Bárbara Gatti, Jaqueline Lopes, Mariana Rodrigueiro, Natália Ortega, Renan Oliveira e Tâmizi Ribeiro
Capa Agência MOV
Fotos Vinicius Mochizuki e arquivo pessoal
Ilustrações Shutterstock Images

Primeira edição (setembro/2021)
Papel Offset 90g
Gráfica LIS

Dados Internacionais de Catalogação na Publicação (CIP)
Angélica Ilacqua CRB-8/7057

M471p
    Melissa
       Planeta das gêmeas : o mundo incrível de Melissa e Nicole / Melissa e Nicole. — Bauru, SP : Astral Cultural, 2021.
       112 p. : color.

    ISBN: 978-65-5566-154-5

    1. Literatura infantojuvenil 2. Brincadeiras 2. Vlogs (Internet) 3. YouTube (Recurso eletrônico) I. Título II. Nicole

21-3150   CDD: 028.5

Índices para catálogo sistemático: 1. Infantojuvenil 028.5

ASTRAL CULTURAL EDITORA LTDA.

BAURU
Av. Duque de Caxias, 11-70
CEP 17012-151
Telefone: (14) 3235-3878
Fax: (14) 3235-3879

SÃO PAULO
Rua Major Quedinho 11, 1910
Centro Histórico
CEP 01150-030
Telefone: (11) 3048-2900

E-mail: contato@astralcultural.com.br

PLANETA DAS GÊMEAS

O MUNDO INCRÍVEL DE MELISSA E NICOLE